BRWYDRO!

BRWYDRO!

Meinir Wyn Edwards a Sioned Glyn

Argraffiad cyntaf: 2013

© Hawlfraint Meinir Wyn Edwards, Sioned Glyn a'r Lolfa Cyf., 2013

Cyhoeddwyd dan nawdd
Cynllun Adnoddau Addysgu a Dysgu CBAC
Noddwyd gan Lywodraeth Cymru

Cynllun y clawr: Sioned Glyn

Rhif Llyfr Rhyngwladol: 978 1 84771 592 0

Cyhoeddwyd ac argraffwyd yng Nghymru
gan Y Lolfa Cyf., Talybont, Ceredigion SY24 5HE
gwefan www.ylolfa.com
e-bost ylolfa@ylolfa.com
ffôn 01970 832 304
ffacs 832 782

CYNNWYS

HANES ANNE FRANK

Anne

Margot, chwaer Anne

Edith, mam Anne

Otto, tad Anne

Teulu Van Pels

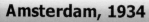

Felly, symudodd y teulu i Amsterdam, yn yr Iseldiroedd. Doedd hi ddim yn ddiogel yn yr Almaen oherwydd eu bod nhw'n Iddewon. Roedd Hitler eisiau cael gwared o bob Iddew o'r wlad.

WEL, TI'N DECHRAU YN YR YSGOL FORY, ANNE!

WYT TI'N HAPUS EIN BOD NI WEDI DOD I AMSTERDAM I FYW?

YDW, MAE'N LLE BRAF IAWN. AC MAE'R YSGOL YN GRÊT!

Cafodd Otto waith fel rheolwr mewn ffatri oedd yn gwneud jam. Roedd yn lwcus iawn oherwydd roedd gwaith yn brin dros wledydd Ewrop i gyd.

SUT DDIWRNOD GEST TI HEDDIW, ANNE?

ROEDD MISS WEDI DWEUD WRTHA I SAWL GWAITH AM FOD YN DAWEL!

HA! RWYT TI'N SIARAD GORMOD!

Roedd Anne yn dod ymlaen yn dda yn yr ysgol. Roedd hi'n ferch siaradus ac roedd hi'n gorfod gorffen ei gwaith ysgol gartre. Wrth iddi dyfu'n hŷn, roedd hi am wybod pethau, am ddysgu am bob peth.

TI'N DOD I FY MHARTI PEN-BLWYDD WYTHNOS NESAF?

O, DW I ISIE BOD MAS YN CHWARAE! RHAID I FI DRIO SIARAD LLAI YN Y DOSBARTH!

YDW, WRTH GWRS! BETH AM FYND I'R SINEMA DDYDD SADWRN HEFYD?

DYMA'R TRYDYDD TRO I FI WELD Y FFILM *THE WIZARD OF OZ*!

OND MAE E MOR DDA! GALLU GWELD FFILM MEWN LLIW!

DW I'N MYND I GAEL SGIDIE COCH FEL DOROTHY AR FY MHEN-BLWYDD!

9

Roedd Anne a Margot yn mwynhau eu hunain yn yr ysgol ac yn hapus eu bod wedi symud o'r Almaen. Roedd y sefyllfa'n ddrwg iawn yno. Roedd sïon am Iddewon yn cael eu trin yn wael iawn gan Hitler a'i ddynion.

Ond roedd bywyd yn mynd yn ei flaen er bod mwy a mwy o arwyddion o greulondeb y Natsïaid.

Ond yn 1939 dechreuodd yr Ail Ryfel Byd. Roedd y Rhyfel Byd Cyntaf wedi lledaenu dros Ewrop rhwng 1914 a 1918 a doedd pobl ddim wedi dychmygu y byddai ail ryfel yn digwydd mor fuan ar ôl i'r un cyntaf orffen mewn heddwch.

Oherwydd yr ofn y byddai'r Natsïaid yn dod o hyd iddyn nhw, symudodd Otto y busnes i Prinsengracht, rhan arall o Amsterdam.

Roedd adroddiadau yn y papurau newydd bob dydd am Iddewon yn cael eu trin yn wael yn yr Almaen.

Roedd Iddewon yn gorfod cael cardiau adnabod gyda 'J' (Jude) arnyn nhw ac yn gorfod mynd i ysgolion i Iddewon yn unig.

ALLWN NI DDIM CUDDIO NAWR, YN GWISGO SEREN FAWR FELEN!

DW I DDIM ISIE GORFOD SYMUD YSGOL! DW I ISIE AROS YN YR UN YSGOL Â FY FFRINDIAU!

PRYD MAE'R RHYFEL 'MA'N MYND I DDOD I BEN?!

Symudodd y rhyfel i'r Iseldiroedd. Roedd Hitler a'i ddynion yn arestio Iddewon dros Ewrop gyfan.

Roedd rheolau llym wedi dod i rym a rhaid oedd ufuddhau.

Doedd dim hawl mynd allan rhwng 8 y nos a 6 y bore.

Roedd rhaid gwisgo bathodyn y seren felen o hyd.

Doedd dim hawl gan Iddewon deithio mewn ceir na mynd ar gefn beic.

Doedd dim hawl mynd i'r pyllau nofio cyhoeddus nac i'r theatr ac roedd rhaid siopa rhwng 3 a 5 o'r gloch yn unig.

Doedd dim rhyddid na hawliau gan yr Iddewon. Roedden nhw'n byw mewn ofn.

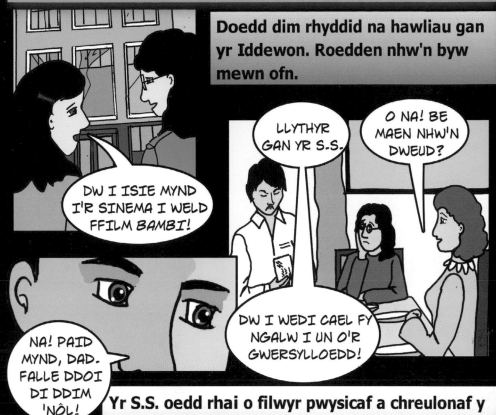

DW I ISIE MYND I'R SINEMA I WELD FFILM *BAMBI*!

LLYTHYR GAN YR S.S.

O NA! BE MAEN NHW'N DWEUD?

NA! PAID MYND, DAD. FALLE DDOI DI DDIM 'NÔL!

DW I WEDI CAEL FY NGALW I UN O'R GWERSYLLOEDD!

Yr S.S. oedd rhai o filwyr pwysicaf a chreulonaf y Natsïaid. Bydden nhw'n anfon yr Iddewon i weithio yn y gwersylloedd llafur lle roedd yr amodau yn ofnadwy. Doedd dim llawer yn dod allan o'r gwersylloedd yn fyw.

PAID Â PHOENI, ANNE. FYDD DAD BYTH YN MYND!

OND FALLE BYDD Y NATSÏAID YN DOD YMA!

NA, DDAW HI DDIM I HYNNY, ANNE FACH.

LWCUS NAD YW HI'N FORE BRAF, GYDA'R HOLL DDILLAD RYDYN NI'N EU GWISGO!

IDDEWON! DRYCHWCH AR Y SEREN FELEN.

PETAWN I'N IDDEW, MI FYDDWN INNAU'N DIANC YN DDIGON PELL I FFWRDD HEFYD.

DW I DDIM YN MYND I FYW FAN HYN! MAE'R SBEISYS YMA'N DREWI!

Cerddodd y teulu am bedwar cilomedr yn y glaw. Ymhen tipyn, dyma nhw'n cyrraedd Prinsengracht – y stryd lle roedd adeilad yn perthyn i gwmni tad Anne.

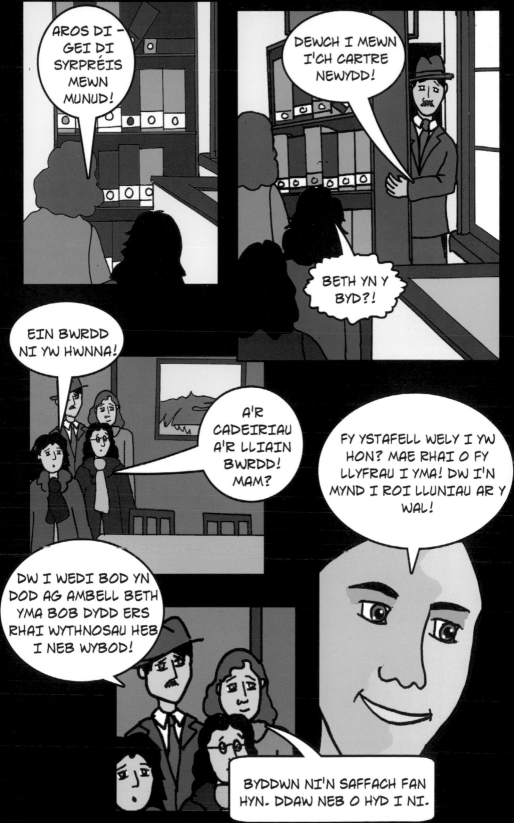

Gan fod y ddau deulu Iddewig yn cuddio, rhaid oedd cadw'n dynn at y rheolau. Petai rhywun yn dod o hyd iddyn nhw, gallai'r Natsïaid ddod yno i'w cipio a'u harestio. Roedd rhaid bod yn dawel iawn gan fod pobl yn dod i weithio yn y warws bob dydd. Rhaid oedd gwisgo sliperi a chadw'r llenni ar gau o hyd.

Daeth Hermann, Auguste a Peter van Pels i fyw atyn nhw. Roedd Peter yn 15 oed. Roedd ystafell iddyn nhw ar y llawr uwchben ac yno roedd y gegin i bawb ei rhannu.

Diwrnod pen-blwydd Anne yn 14 oed ac roedd blwyddyn gron wedi mynd heibio ers iddi gael Kitty, y dyddiadur. Erbyn hyn, roedd wyth yn rhannu'r guddfan. Roedd Fritz Pfeffer, deintydd, yn aros am y cyfle i gael teithio i Dde America i fod gyda'i gariad. Roedd e'n rhannu ystafell gydag Anne a doedd dim un o'r ddau yn hapus am hynny.

Doedd dim hawl ganddyn nhw fynd allan o'r guddfan a doedd dim llawer i Anne ei wneud. Byddai'n treulio oriau yn...

darllen...

yn gwrando ar y radio...

ac yn chwarae'r Monopoly a gafodd Peter ar ei ben-blwydd yn 16 oed.

O, MAE'N ANODD BOD YN DAWEL DRWY'R DYDD BOB DYDD. PAM NA ALLA I FYND MAS?

ALLWN NI DDIM MENTRO, ANNE FACH. BYDD Y RHYFEL YN DOD I BEN CYN BO HIR A BYDDWN NI'N RHYDD I WNEUD POPETH WEDYN!

Ond wrth i'r misoedd fynd heibio, roedd sŵn tanciau, saethu, ac awyrennau swnllyd i'w glywed yn fwy aml. Roedd Anne yn darllen newyddion erchyll am y Natsïaid yn mynd ag Iddewon o'u cartrefi a'u rhoi mewn lorïau anferth ac yn cael eu trin fel anifeiliaid.

1944
Ond roedd bywyd yn mynd yn ei flaen. Daeth pen-blwydd arall i Anne a phawb yn ceisio codi calon a bod yn hapus.

DIOLCH I BAWB AM YR ANRHEGION!

BETH YW'R SŴN YNA?! O NA, MAEN NHW WEDI DOD O HYD I NI!

YN Y WARWS MAE'R SŴN, ANNE. RY'N NI'N DDIGON SAFF FAN HYN.

FRITZ, YDYCH CHI'N CLYWED Y SŴN LAWR LLAWR?

Lladron oedd wedi bod yn y warws y noson cynt yn dwyn bwyd. Diolch byth nad yr heddlu na'r Natsïaid oedd yno. Roedd fel petai cwmwl uwch eu pennau a theimlad o ofn yn cnoi ym mol Anne o hyd.

O NA! SŴN LLADRON ETO?

DA IAWN, MONSCHI BACH! LLYGODEN ARALL. YCH, TI'N DREWI!

Roedd ystafelloedd y guddfan i gyd yn drewi. Doedd dim awyr iach yn dod i mewn a byddai'r holl fwyd wast a sbwriel yn gorfod cael eu llosgi yn y ffwrn fach yn y gegin. Roedd fel petai oglau bresych ac wyau yno bob dydd a nos.

Ond daeth gobaith un diwrnod wrth weld pennawd mewn papur newydd. Roedd milwyr America, Prydain a Chanada wedi glanio yn Normandi, gogledd Ffrainc, ac yn barod i ymladd yn erbyn Hitler a'i fyddin.

Aeth yr ymladd ymlaen ac ymlaen yn erbyn yr Almaen ac roedd Anne yn gweddïo bob dydd y byddai'r Natsïaid yn cael eu trechu. Ond un noson...

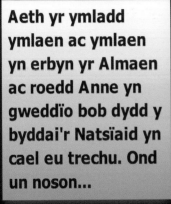

FRITZ! YDYCH CHI'N CLYWED Y SŴN?

DW I DDIM YN CREDU TAW LLADRON SYDD YMA HENO, ANNE!

ALLWCH CHI DDIM CUDDIO RHAGOR!

HEI! OES RHYWUN YMA?

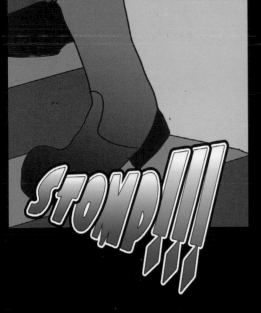

STOMP!!!

A-HA!

Roedd sïon am Iddewon yn cael eu gwenwyno â nwy yng ngwersyll Westerbork, yng ngogledd yr Iseldiroedd. Roedd Anne, Margot ac Edith yn gorfod aros mewn caban bach cyfyng gyda channoedd o ferched eraill, mewn amgylchiadau erchyll.

MARGOT, PAM MAE HYN YN DIGWYDD? BETH YDYN NI WEDI'I WNEUD I HAEDDU CAEL EIN COSBI FEL HYN?

DW I DDIM YN GWYBOD, ANNE FACH. MAE MILOEDD YMA YN YR UN CWCH Â NI.

Arhosodd Anne, Margot ac Edith yn y caban bach hwnnw am fis cyfan. Roedd ofn yn eu bwyta'n fyw. Doedd dim bwyd na diod, a doedd dim ond un toiled ac un sinc i gannoedd o bobl. Doedd dim syniad gan yr un ohonyn nhw beth oedd yn mynd i ddigwydd o un funud i'r llall. Ond roedd pethau gwaeth i ddod...

Cafodd y tair eu cludo ar drên i wersyll Auschwitz yng ngwlad Pwyl.

BETH FYDD YN EIN DISGWYL AR ÔL CYRRAEDD?

DW I'N LLWGU! BYDDWN I HYD YN OED YN FODLON BWYTA CAWL BRESYCH!

BLE MAE DAD, TYBED? O, GOBEITHIO EI FOD YN FYW AC YN IACH...

Yng ngwersyll Auschwitz roedd y cyfleusterau'n waeth byth. Roedd pobl yn marw o newyn, syched, blinder a salwch, heb sôn am y miloedd o Iddewon oedd yn cael eu gwenwyno gyda nwy marwol.

Hydref 1944

Cafodd Margot ac Anne eu cludo ar drên eto i wersyll Bergen-Belsen yng ngogledd yr Almaen. Roedden nhw'n ôl yn y wlad lle cawson nhw eu geni. Ond roedd rhaid gadael eu mam ar ôl.

DW I DDIM ISIE MYND, A GADAEL MAM YMA HEBDDON NI!

DYW MAM DDIM YN DDIGON IACH I DEITHIO, ANNE! DOES DIM DEWIS GYDA NI!

Erbyn cyrraedd y gwersyll yn yr Almaen roedd Anne a Margot wedi torri eu calonnau. Doedd dim nerth ganddyn nhw, roedden nhw'n llwgu ac roedd y ddwy a phawb o'u cwmpas yn sâl iawn.

PLIS, GWELLA'N GLOU, MARGOT! SNEB ARALL GYDA FI!

SNEB YN GWELLA O'R TEIFFWS 'MA, ANNE. BYDD DI'N GRYF, IAWN?

Yn anffodus, bu farw Margot o'r teiffws a doedd gan Anne ddim nerth nac awydd i gario mlaen. Petai hi'n gwybod bod ei thad yn dal yn fyw, efallai y byddai wedi dod o hyd i ryw nerth o rywle, ond bu farw Anne yng ngwersyll Bergen-Belsen hefyd. Roedd Anne a thua 70,000 arall wedi marw yno yn ystod yr Ail Ryfel Byd. Ychydig wythnosau yn ddiweddarach, cafodd carcharorion Bergen-Belsen eu gadael yn rhydd gan filwyr Prydain.

Ar ôl y rhyfel, aeth Otto Frank i'r guddfan yn Prinsengracht, Amsterdam, yn y gobaith o weld ei deulu eto.

O ANNE! DY DDYDDIADUR DI – KITTY. BYDDI DI AR GOLL HEBDDO FE...

O NA! DIM OND FI SYDD YMA. SNEB ARALL O'R TEULU WEDI DOD YN ÔL!

DYLAI POBL ERAILL DDARLLEN HWN ER MWYN DEALL YR UFFERN AETH YR IDDEWON DRWYDDI. ROEDD ANNE WASTAD ISIE BOD YN AWDURES.

Cyhoeddwyd rhan o'r dyddiadur yn y papur newydd Het Parool, ac yn 1947 cyhoeddwyd 1500 copi o ddyddiadur Anne Frank o dan y teitl Het Achterhuis (Y Guddfan).

Erbyn 2013 mae dyddiadur Anne Frank wedi ei gyfieithu i dros 50 o ieithoedd ac wedi gwerthu dros 20 miliwn o gopïau.

Merch gyffredin oedd Anne. Roedd ei hanes hi'r un peth â hanes miloedd o ferched eraill yn ystod yr Ail Ryfel Byd. Ond mae hi'n arbennig oherwydd bod ei dyddiadur yn ddarn pwysig o hanes ac wedi ysbrydoli miloedd o bobl i ymgyrchu dros heddwch yn y byd.

STORI GARETH

Draw yng Nghymru hefyd, roedd yr Ail Ryfel Byd yn effeithio ar bawb. Bu brwydro yng Nghymru a thros Ewrop gyfan. Dyma stori un teulu o Abertawe.

Gareth, 9 oed

Mam

Siân, 6 oed

Mam-gu

Glenys, 13 oed

Mwlsyn y ci

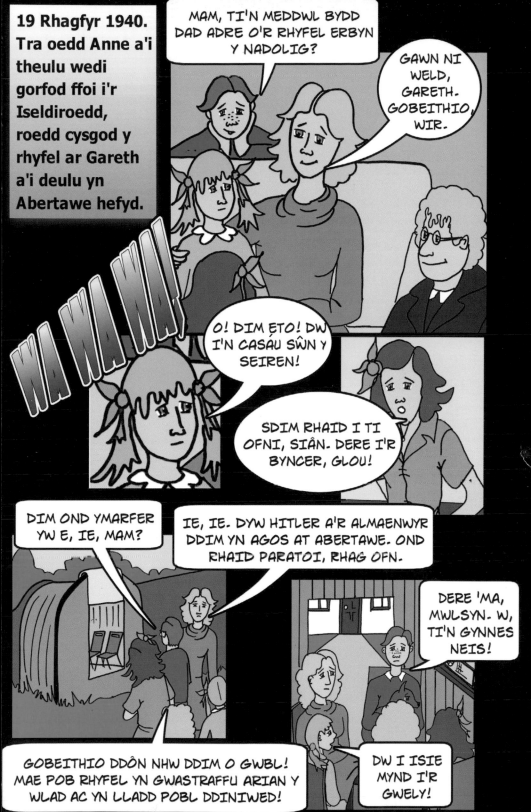

35

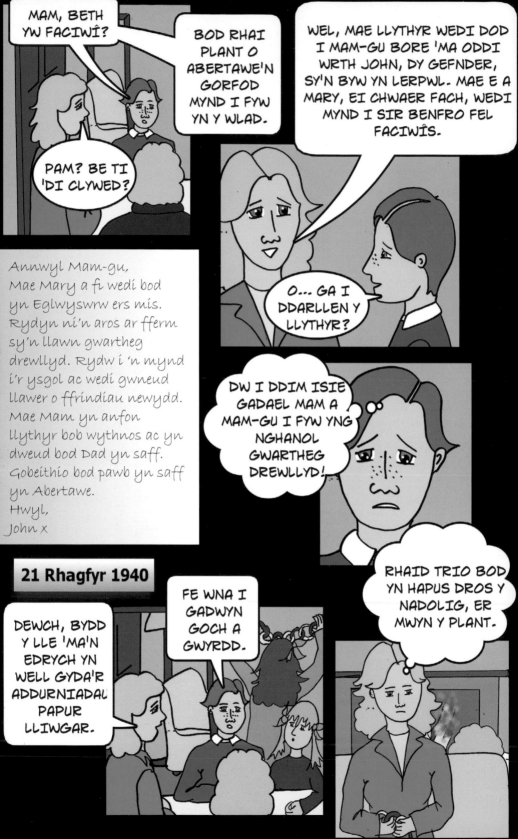

Roedd nwyddau'n brin. Doedd dim llawer o ffrwythau a llysiau ffres. Roedd yr Almaenwyr yn bomio'r llongau oedd yn mewnforio bwyd i Brydain.

Roedd merched yn cael eu hannog i dyfu mwy o gnydau ac roedd merched ifainc, Merched y Tir, yn helpu ar y ffermydd. Roedd y llywodraeth yn palu parciau cyfan ar frys er mwyn tyfu mwy o lysiau ffres ac i fagu anifeiliaid fel defaid a moch ar gyfer eu cig.

TATWS, TATWS, TATWS! FYDDA I DDIM ISIE GWELD UN DATEN AR ÔL Y RHYFEL!

HEI! FE DDALA I TI! BACWN FYDDI DI ERBYN BORE FORY!

Roedd pob teulu'n gorfod cael llyfrau dogni ar gyfer te, siwgr, menyn a chig ffres ac roedden nhw'n cael eu hannog i bobi bara a thyfu llysiau fel tatws, moron a bresych yn eu gerddi. Roedd ciwiau hir yn y siopau a dim digon o fwyd i bawb.

Y, MAE HYN MOR DDIFLAS. RY'N NI YMA ERS O LEIA HANNER AWR!

MAM, DRYCHA! MWLSYN!

Ionawr 1941

Ar ddechrau'r flwyddyn newydd roedd gan Gareth deimladau cymysg. Roedd yn edrych ymlaen at fynd yn ôl i'r ysgol at ei ffrindiau ond eto, roedd hanesion dychrynllyd yn cyrraedd Abertawe am y rhyfel. Roedd yn hiraethu am ei dad ond roedd bywyd yn gorfod mynd yn ei flaen mor normal â phosib.

Roedd blacowt yn digwydd bob nos. Ar ôl iddi dywyllu roedd rhaid i bob tŷ orchuddio'r ffenestri i gyd fel nad oedd golau i'w weld o'r tu allan ac awyrennau'r Almaenwyr yn cael eu denu at y dre.

Ond roedd un pwt o newyddion da yn Abertawe.

WEL, WEL, PWY SYDD WEDI TYFU?!

AM FAINT WYT TI ADRE, DAD?

DIOLCH BYTH!

DAD! CROESO 'NÔL!

DW I DDIM YN MYND 'NÔL! DW I WEDI BRIFO 'NGHOES, FELLY MAE'R YMLADD AR BEN I FI!

DAD, MAE 'MHARTI I FORY!

HWRÊ!

Roedd Prif Weinidog Prydain, Winston Churchill, yn rhoi newyddion am y rhyfel ar y radio. Rhwng 1941 ac 1945 bu ymladd ffyrnig ar draws y byd, e.e. Yr Aifft, Rwsia, Gogledd Affrica ac Awstralia. Roedd America wedi ymuno â'r rhyfel yn Rhagfyr 1941 ar ôl i Siapan fomio llongau America yn Pearl Harbour. Cyhoeddodd yr Almaen ryfel yn erbyn America.

6 Mehefin 1944 = D DAY

Glaniodd milwyr y gwledydd oedd yn ymladd yn erbyn yr Almaen, yr Eidal a Siapan ar draethau Normandi, gogledd Ffrainc. Dyna ddechrau diwedd y rhyfel wrth i'r lluoedd drechu'r Natsïaid a bomio dinasoedd mawr yr Almaen fel Dresden a Hamburg. Aeth blwyddyn arall heibio...

Ebrill 1945 – diwedd yr Ail Ryfel Byd

MAE FY MYDDIN FY HUN WEDI TROI YN FY ERBYN! DYMA'R DIWEDD I NI I GYD!

Erbyn 1945 roedd pethau'n edrych yn ddu iawn ar Hitler. Symudodd i guddfan lle roedd 30 ystafell wedi'u paratoi o dan un o brif adeiladau Berlin. Ond roedd rhai o'i ddynion ei hun wedi ei fradychu.

DDAW HITLER DDIM MAS O FAN'NA YN FYW! HA!

28 Ebrill 1945

DW I'N DY GARU DI, EVA. MADDAU I FI.

30 Ebrill 1945

A'r Rwsiaid 500 metr o'r guddfan, saethodd Hitler ei hun ar ôl gwenwyno ei wraig newydd, Eva Braun a'i gi, Blondi.

8 Mai 1945 = VE DAY
(Victory in Europe)

Bu dathlu mawr dros Ewrop ac America, ac yn Abertawe roedd Gareth a'i deulu yn cael parti mawr ar y stryd.

Dyma ddiwedd yr Ail Ryfel Byd yn Ewrop. Roedd byddin y cynghreiriaid wedi ymosod ar yr Almaen o'r gorllewin a byddin Rwsia wedi ymosod o'r dwyrain. Cyfarfu'r milwyr ar lan afon Elbe i ddathlu'r fuddugoliaeth.

Roedd Anne Frank wedi marw ychydig wythnosau'n unig cyn hyn, ynghyd â 6 miliwn o Iddewon eraill.

EFFEITHIAU YR AIL RYFEL BYD

6 blynedd o ymladd gwaedlyd.

388,000 o Brydain wedi marw gan gynnwys 15,000 o Gymry.

21 miliwn o'r rhai gafodd eu lladd yn Rwsiaid.

60 miliwn (60,000,000) o bobl yn marw dros y byd - 20 miliwn o filwyr a 40 miliwn o bobl gyffredin.

Roedd stordy arfau enfawr ym Mhen-y-bont ar Ogwr a ffatri fomiau gyfrinachol yn Rhydymwyn ger yr Wyddgrug.

Ni ddioddefodd Cymru cynddrwg â Lloegr oherwydd y *blitz*. Bomiwyd Llundain, gan gynnwys Palas Buckingham, a dinistriwyd dinas Coventry bron yn llwyr.

Yng Nghymru, bu cyrchoedd o'r awyr ar Gaerdydd, Casnewydd, Doc Penfro a mannau eraill, ond Abertawe, gyda'i phorthladd allweddol, a ddioddefodd fwyaf.

Roedd dogni bwyd a dillad wedi para tan 1954 – naw mlynedd ar ôl i'r Ail Ryfel Byd ddod i ben.

Mae milwyr o 60 gwlad wahanol yn ymladd mewn brwydrau o gwmpas y byd heddiw.

Cafodd tua 38,000 eu lladd mewn rhyfeloedd yn 2012.

Mae *Herio!* yn olrhain hanes y Gêmau Olympaidd hyd at y dydd heddiw. Hefyd chwedl 12 tasg Herciwles a stori Guto Nythbrân – y cymro cyflymaf erioed!

Mae *Morio!* yn adrodd stori suddo'r *Titanic*, taith y *Mimosa* i Batagonia, Madog yn darganfod America a llongau enwog eraill.

£4.95 yr un

Mae dwy stori *Cloddio!* yn digwydd dan ddaear – un yn Chile, De America yn 2010 ac un yn Senghennydd, de Cymru yn 1913.

Stori Cantre'r Gwaelod a hanes tswnami Japan sydd yn *Suddo!* Mae ffeithiau hefyd am dywydd eithafol a byd natur rhyfeddol.

Am restr gyflawn o lyfrau'r Lolfa, mynnwch
gopi o'n catalog newydd, rhad
neu hwyliwch i mewn i'n gwefan

www.ylolfa.com

lle gallwch archebu llyfrau ar lein.

TALYBONT CEREDIGION CYMRU SY24 5HE
ebost ylolfa@ylolfa.com
gwefan www.ylolfa.com
ffôn 01970 832 304
ffacs 832 782